Edith J. Blum

Herb
der Schulhund

Bibliografische Information der Deutschen Nationalbibliothek:
Die Deutsche Nationalbibliothek verzeichnet diese Publikation in der Deutschen Nationalbibliografie; detaillierte bibliografische Daten sind im Internet über http://dnb.dnb.de abrufbar.

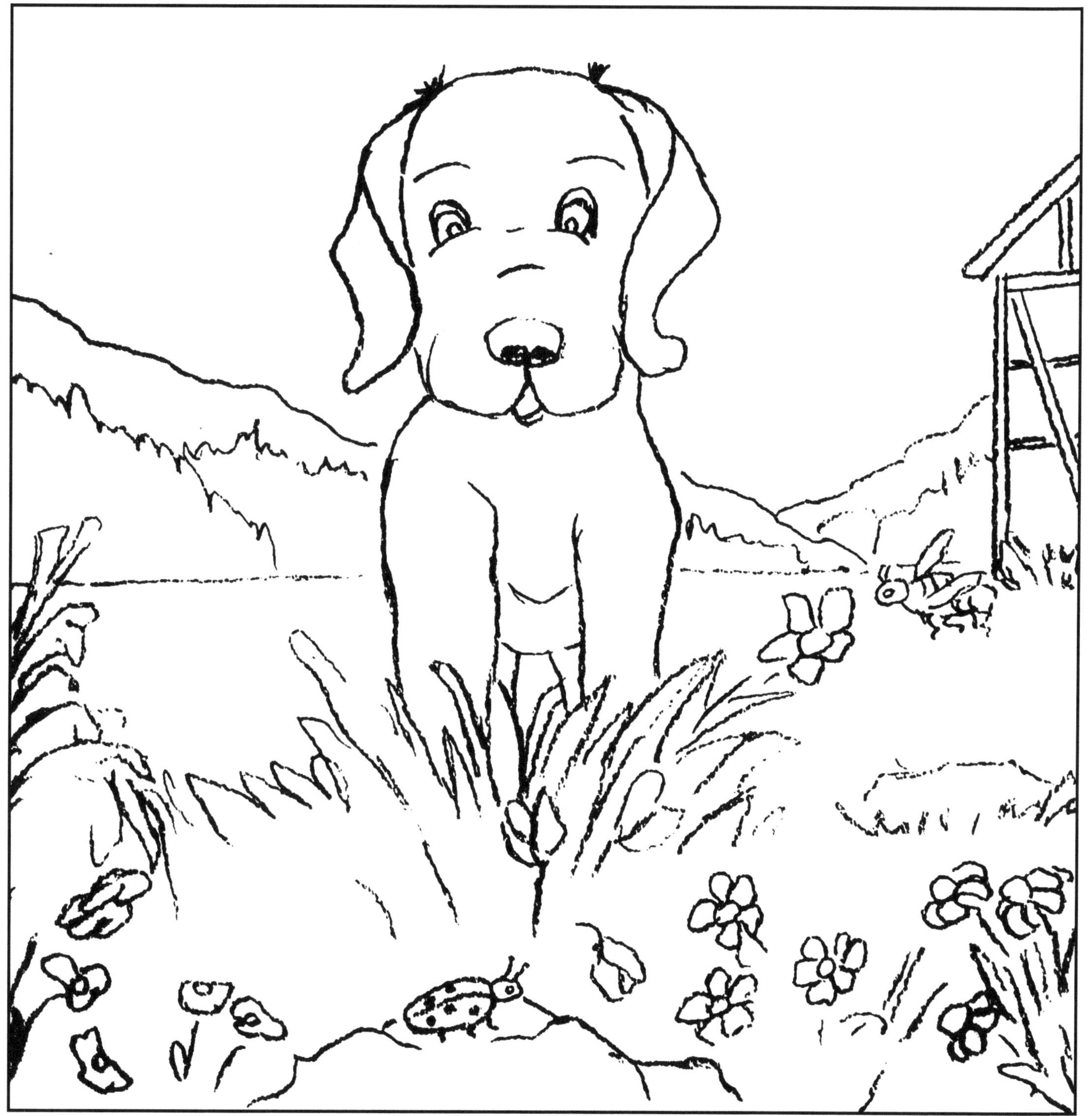

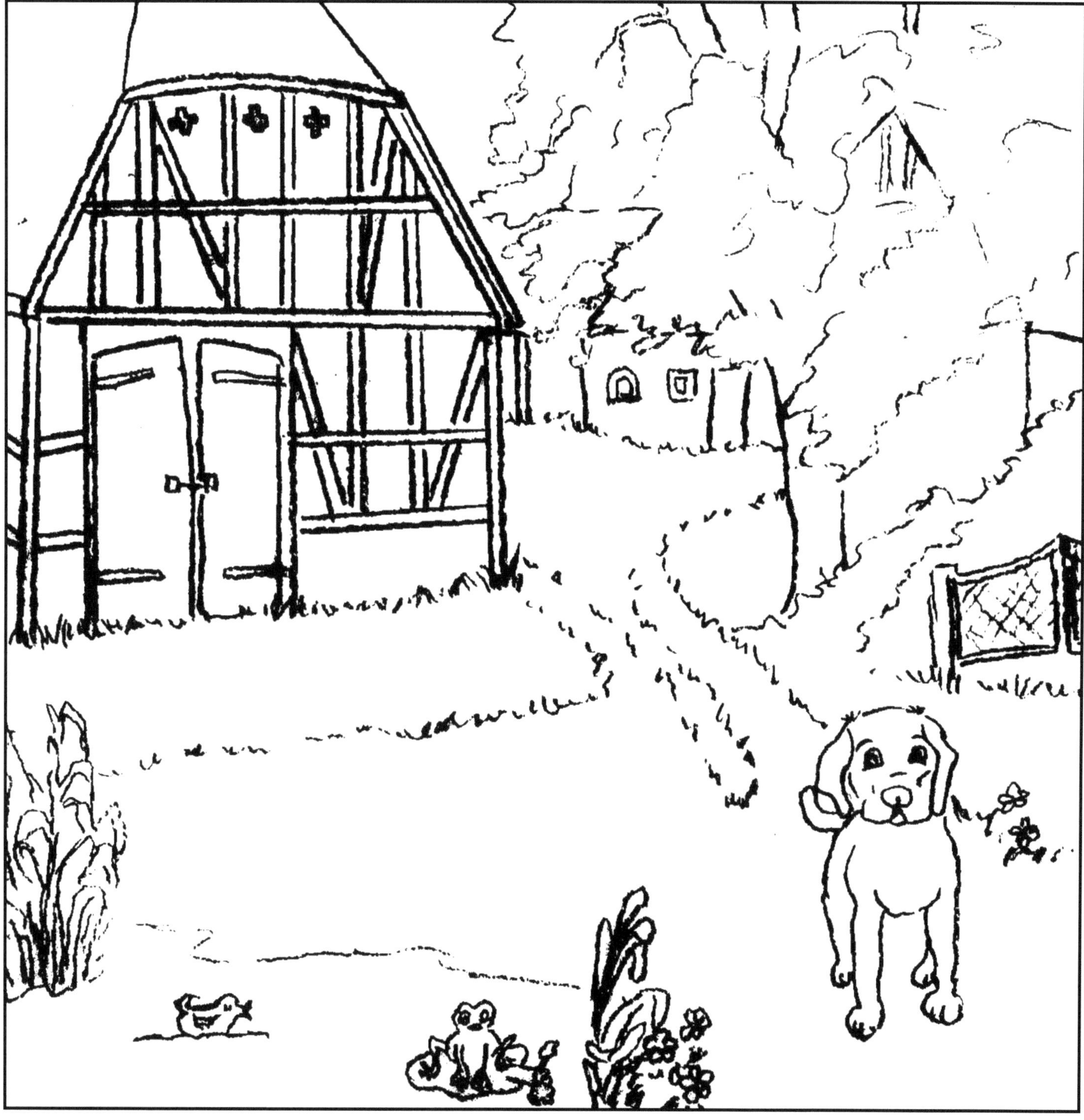

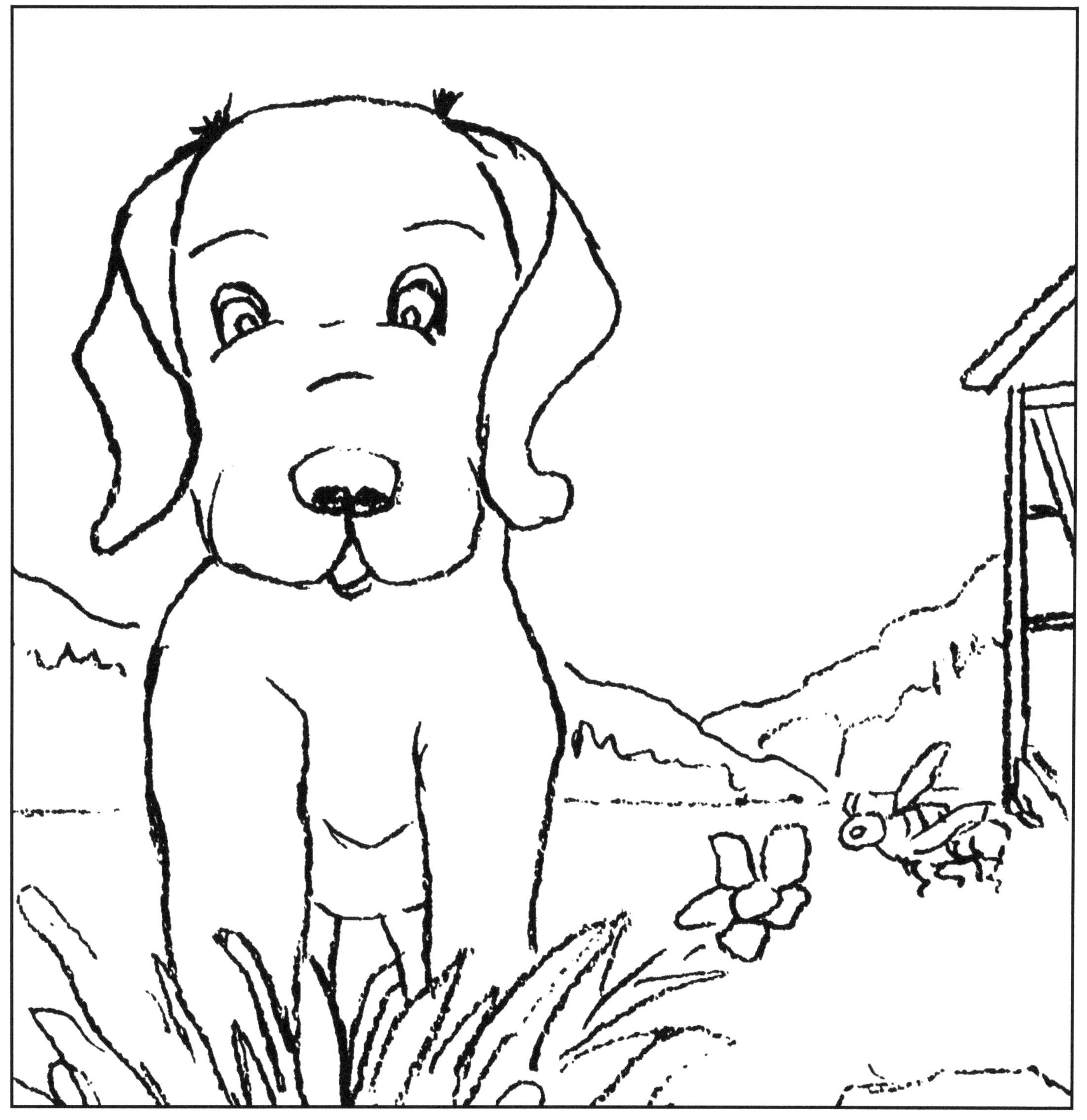

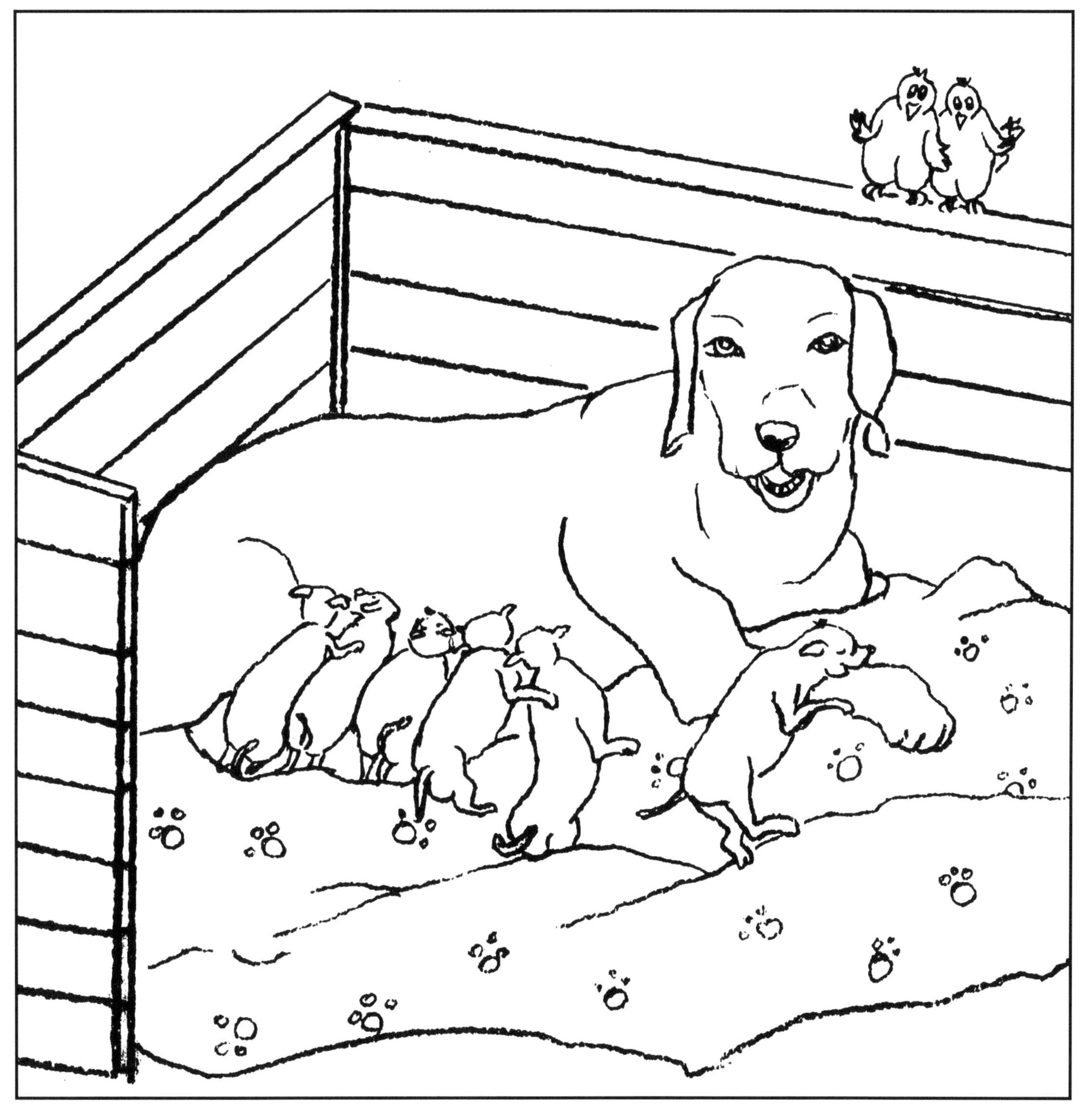

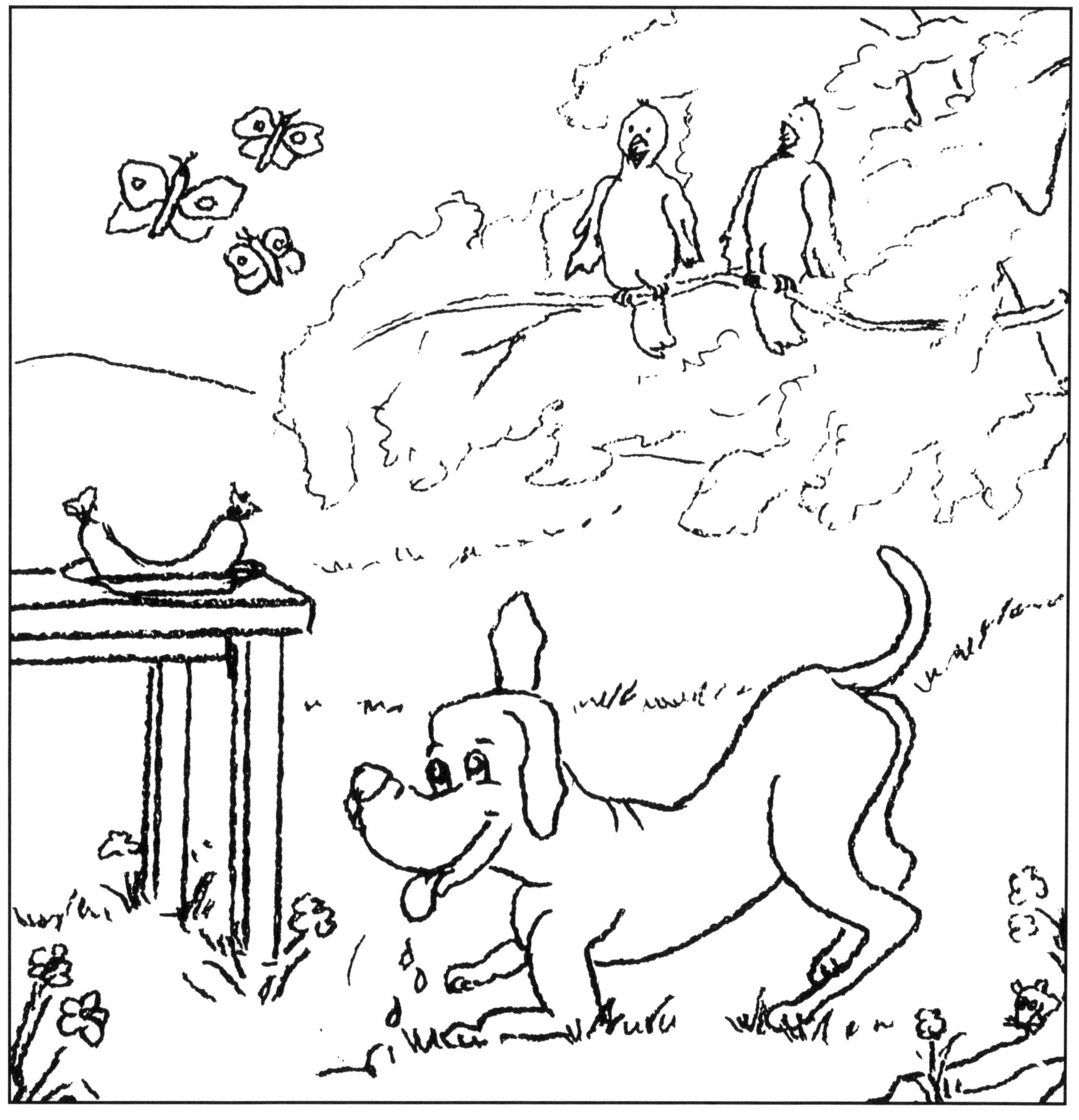

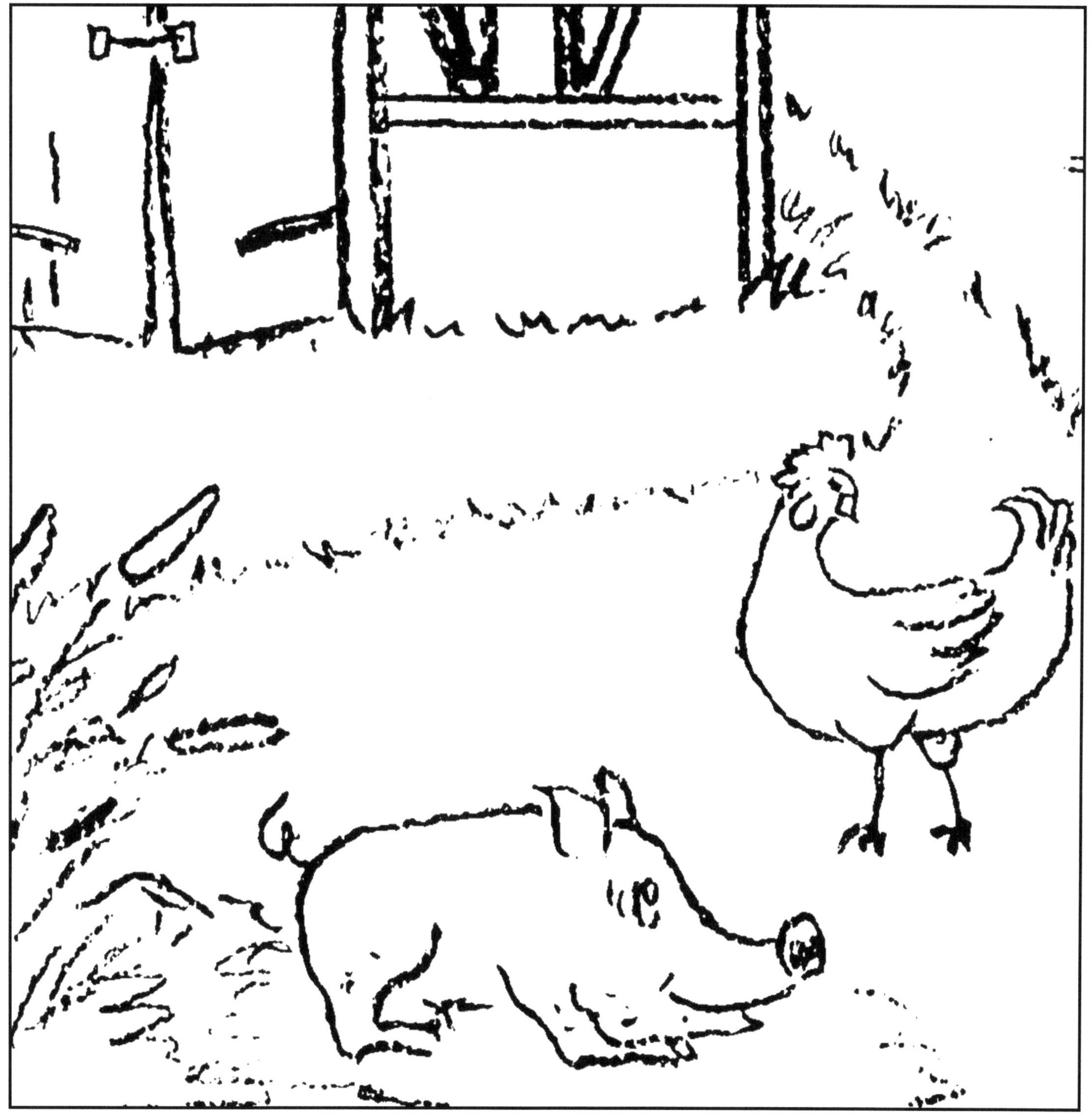

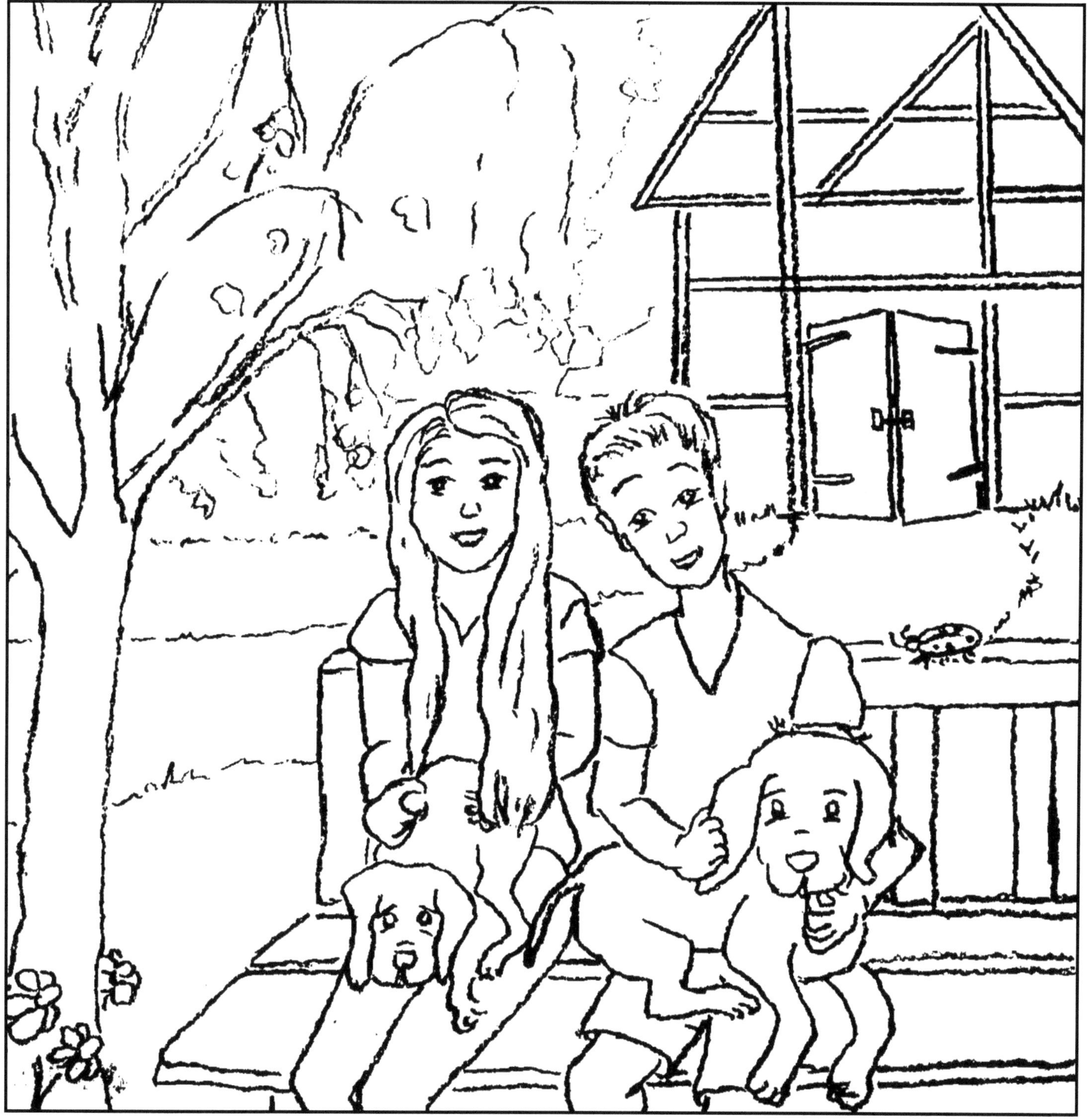

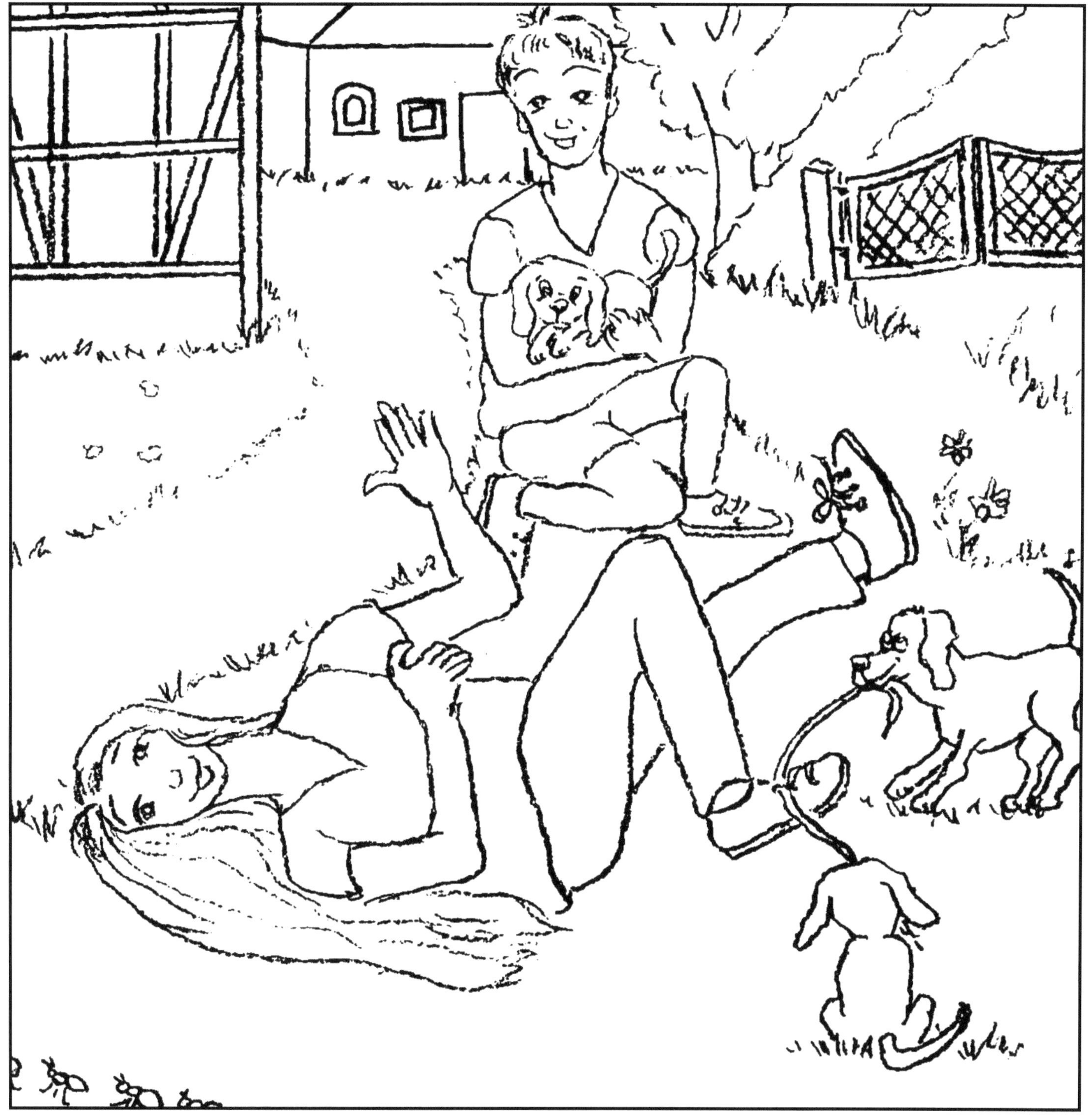

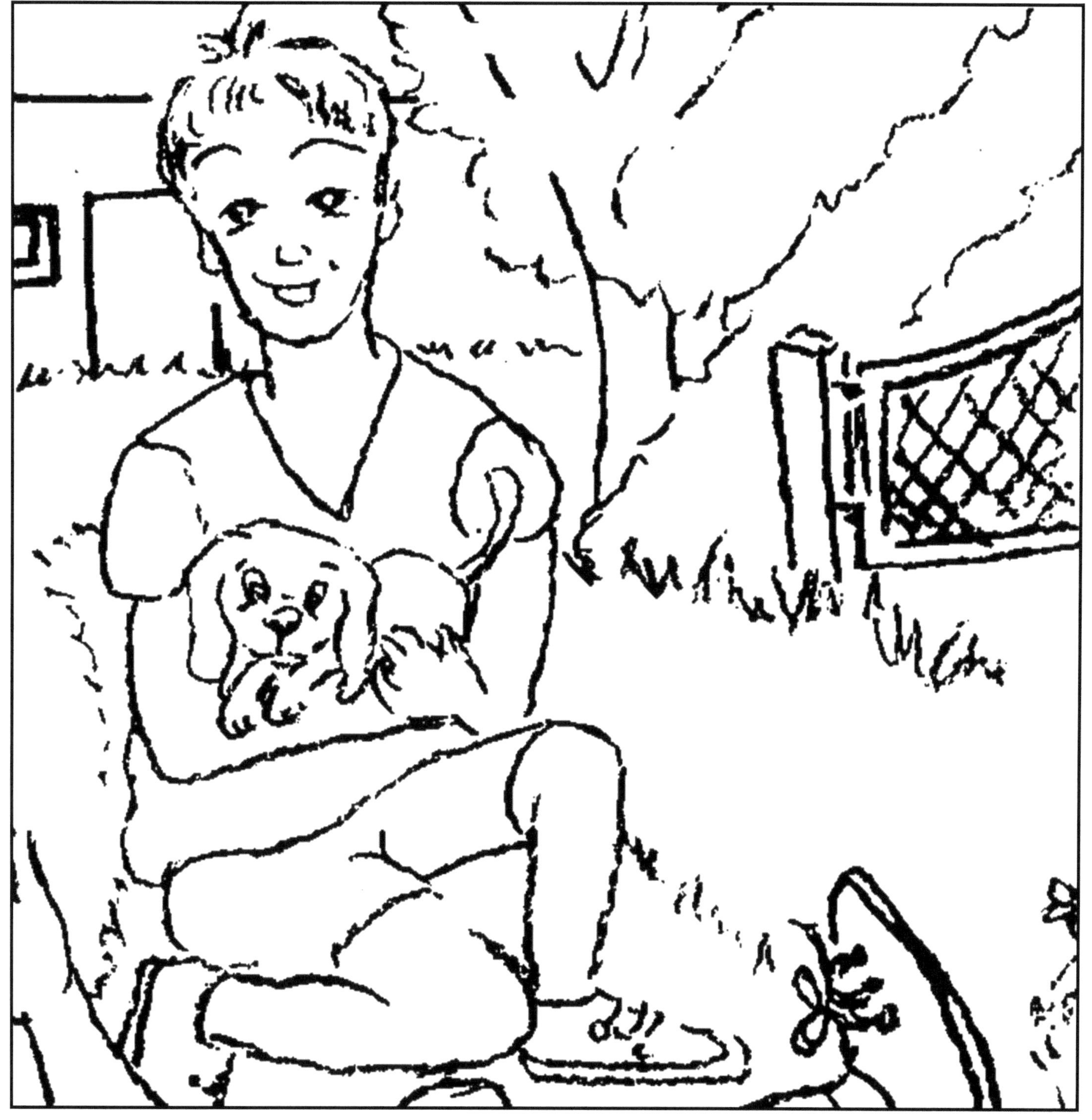

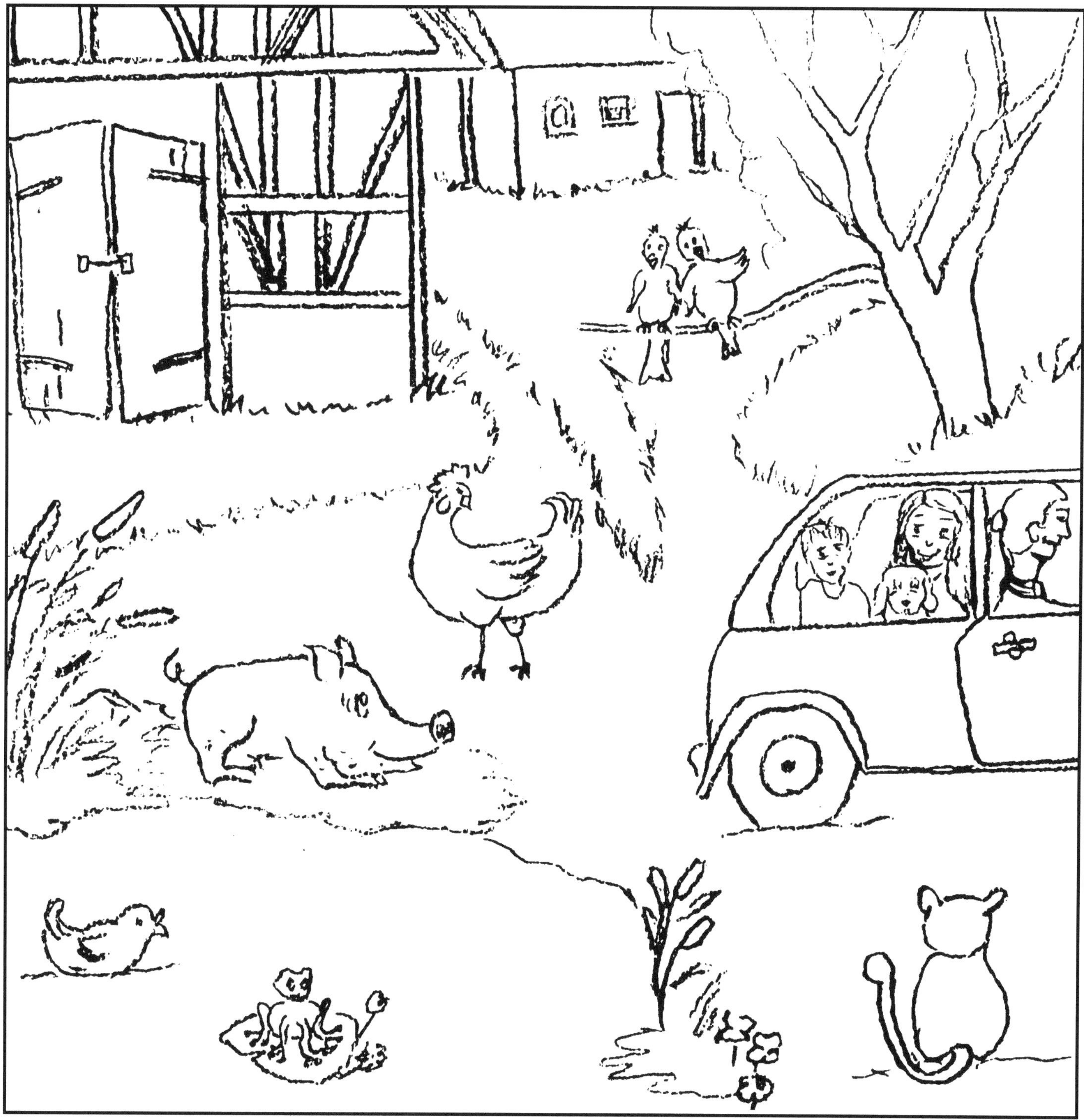

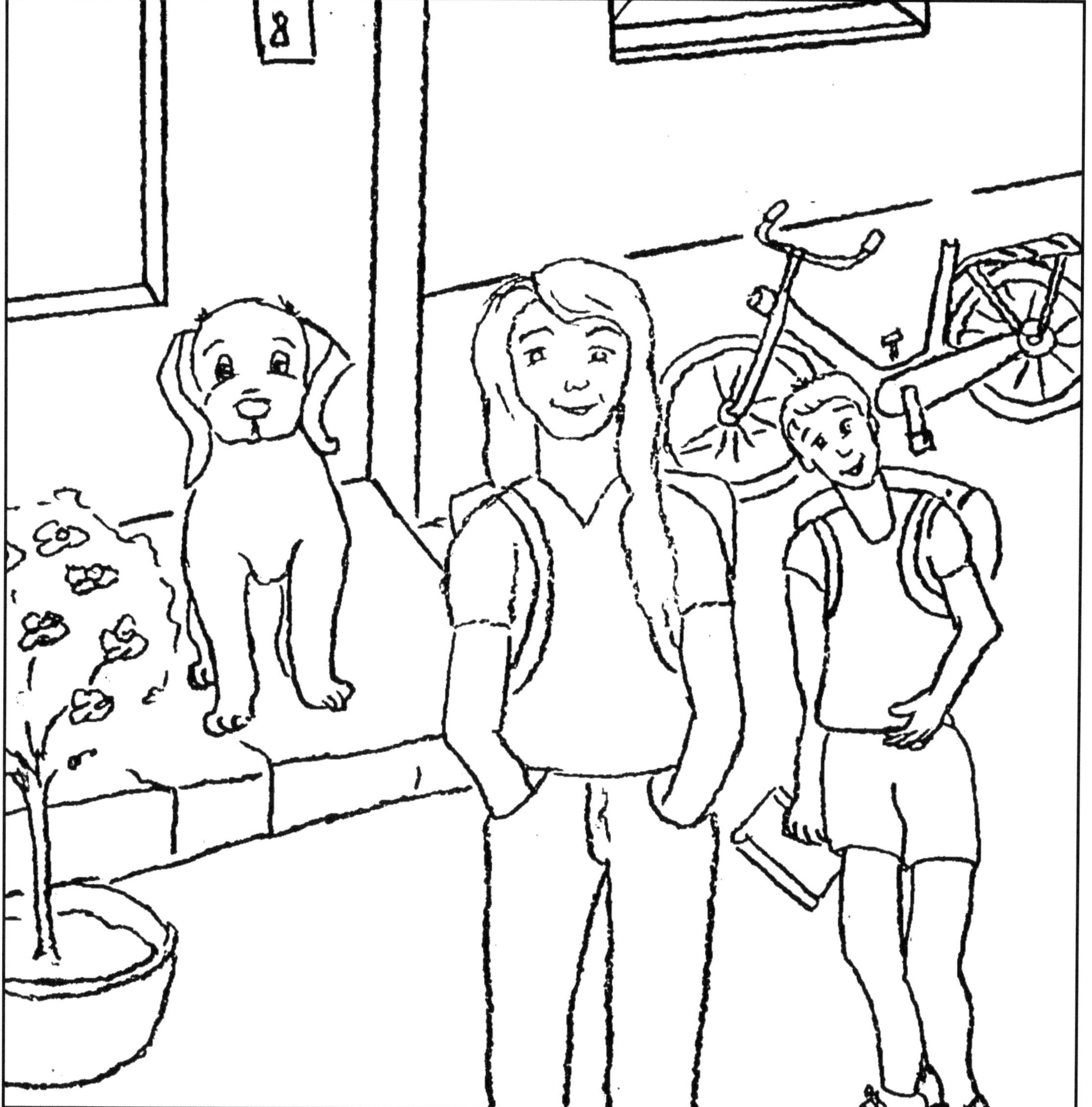

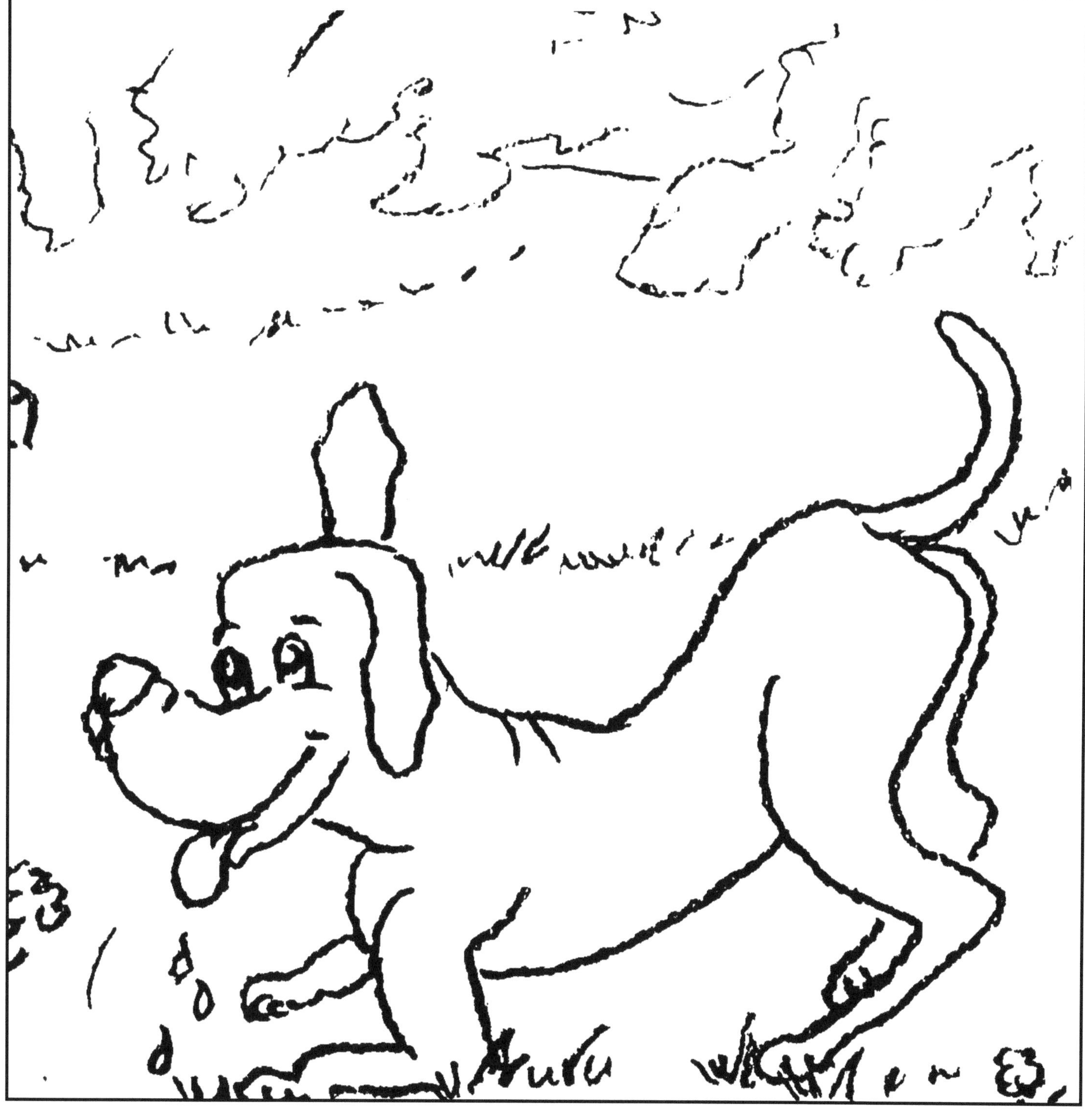

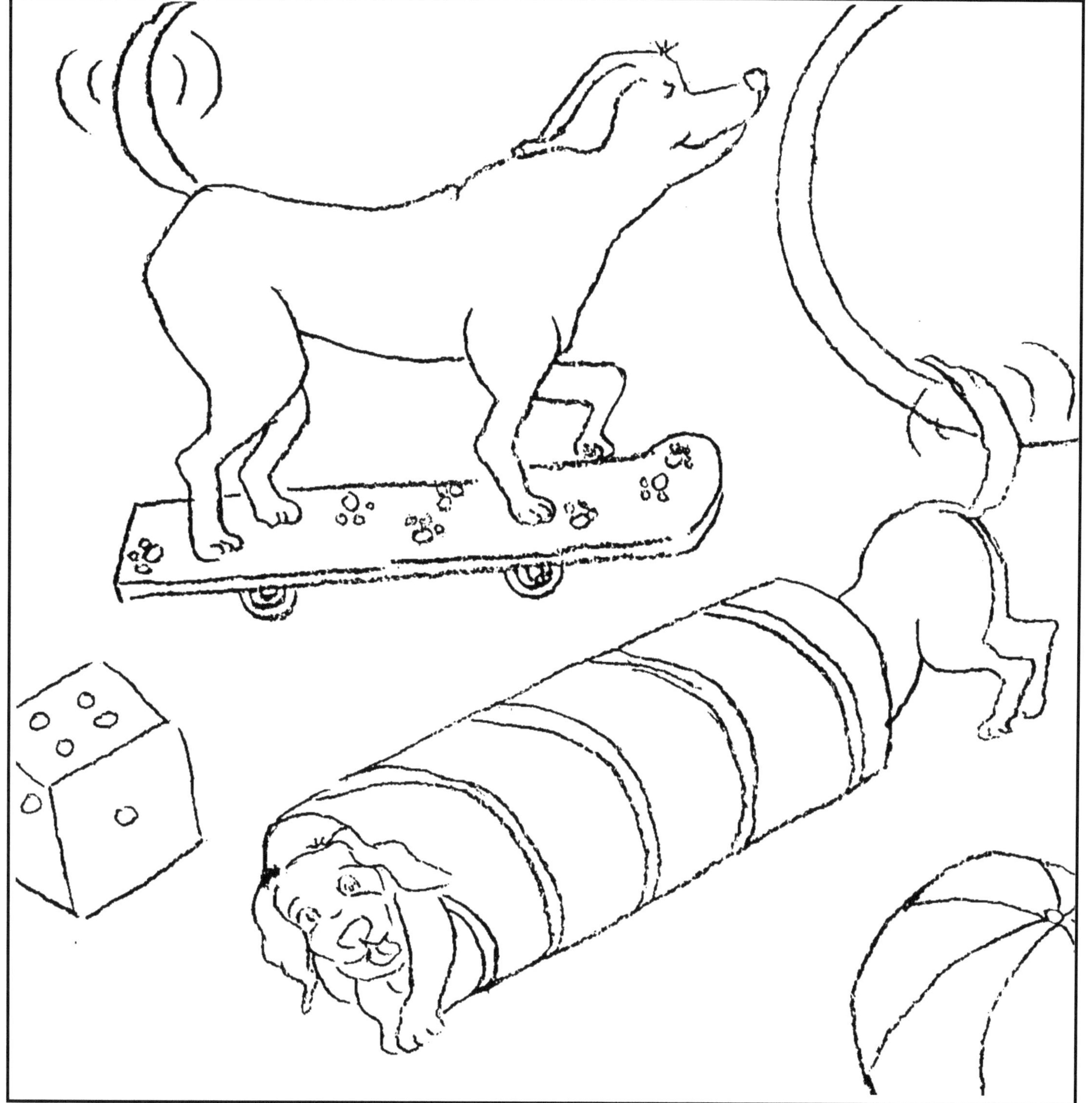

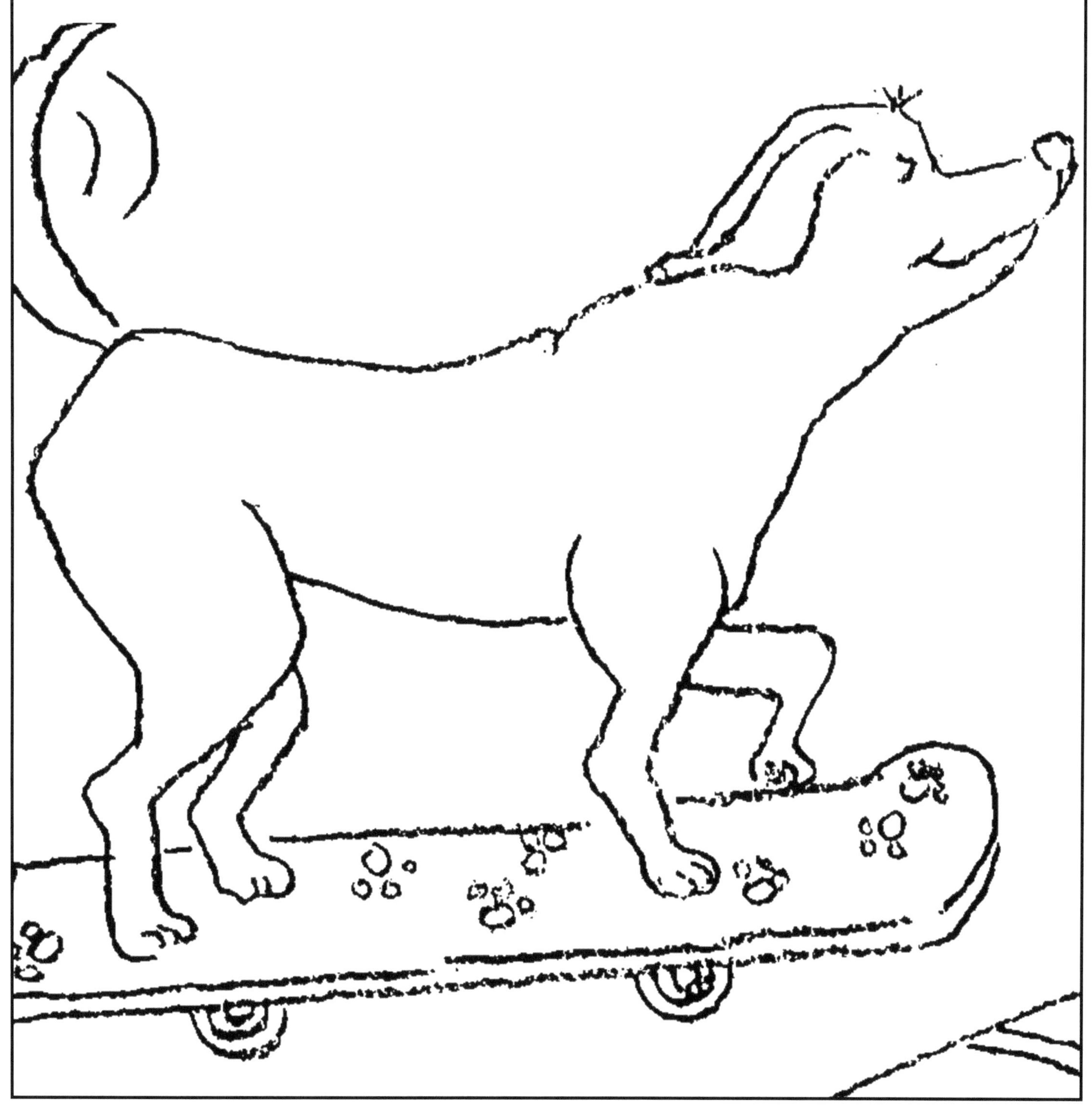

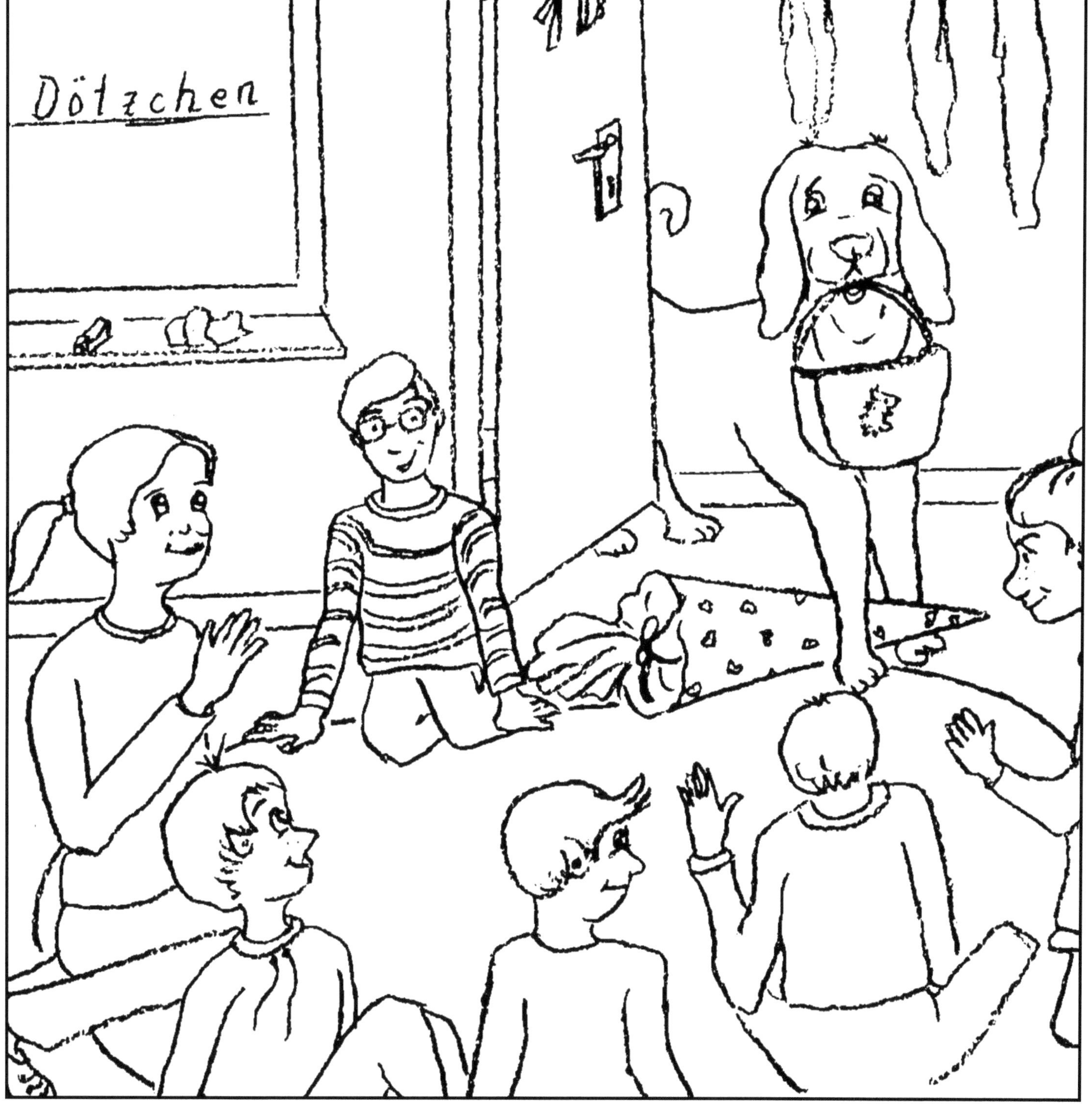

Dötzchen

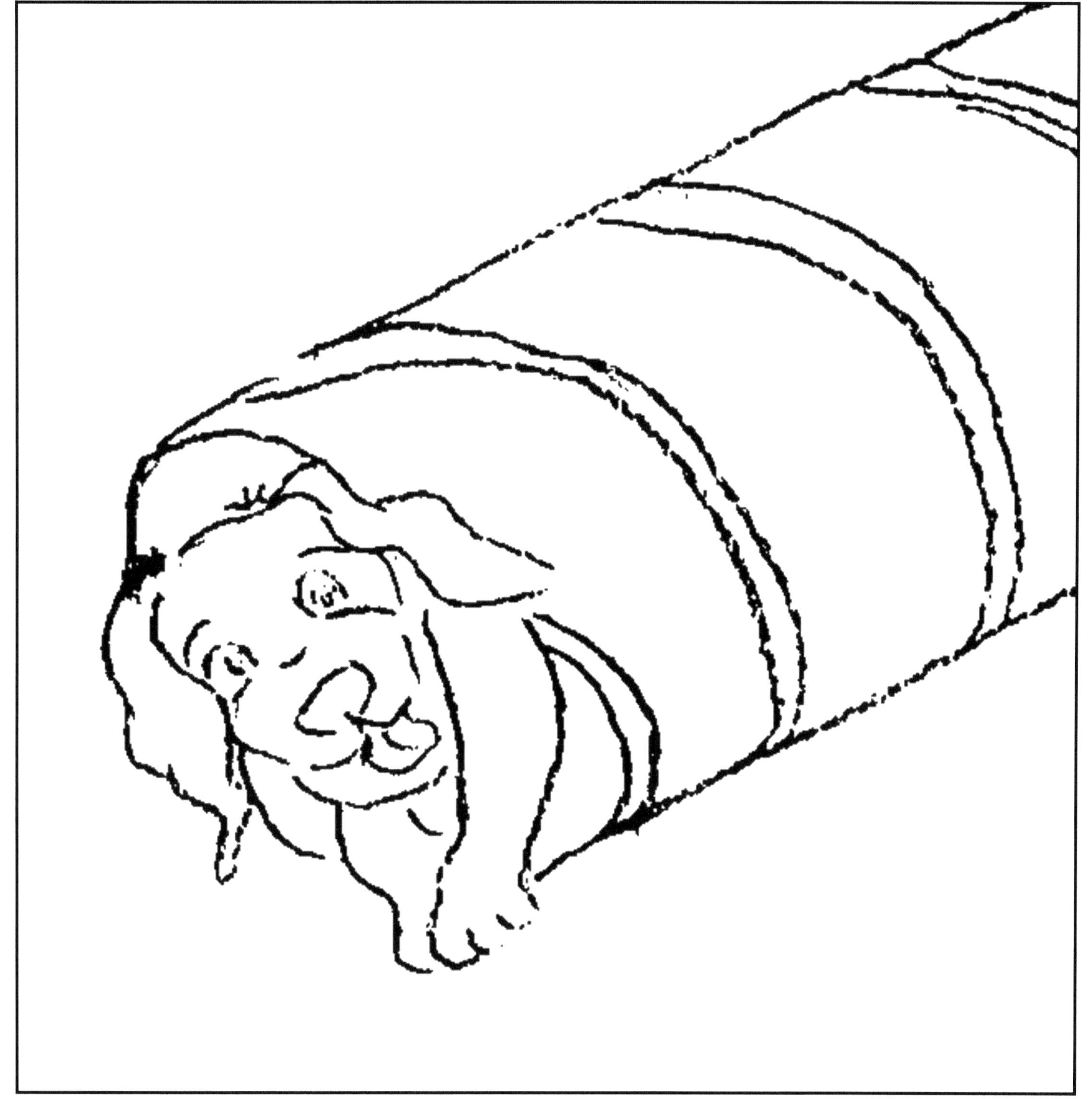

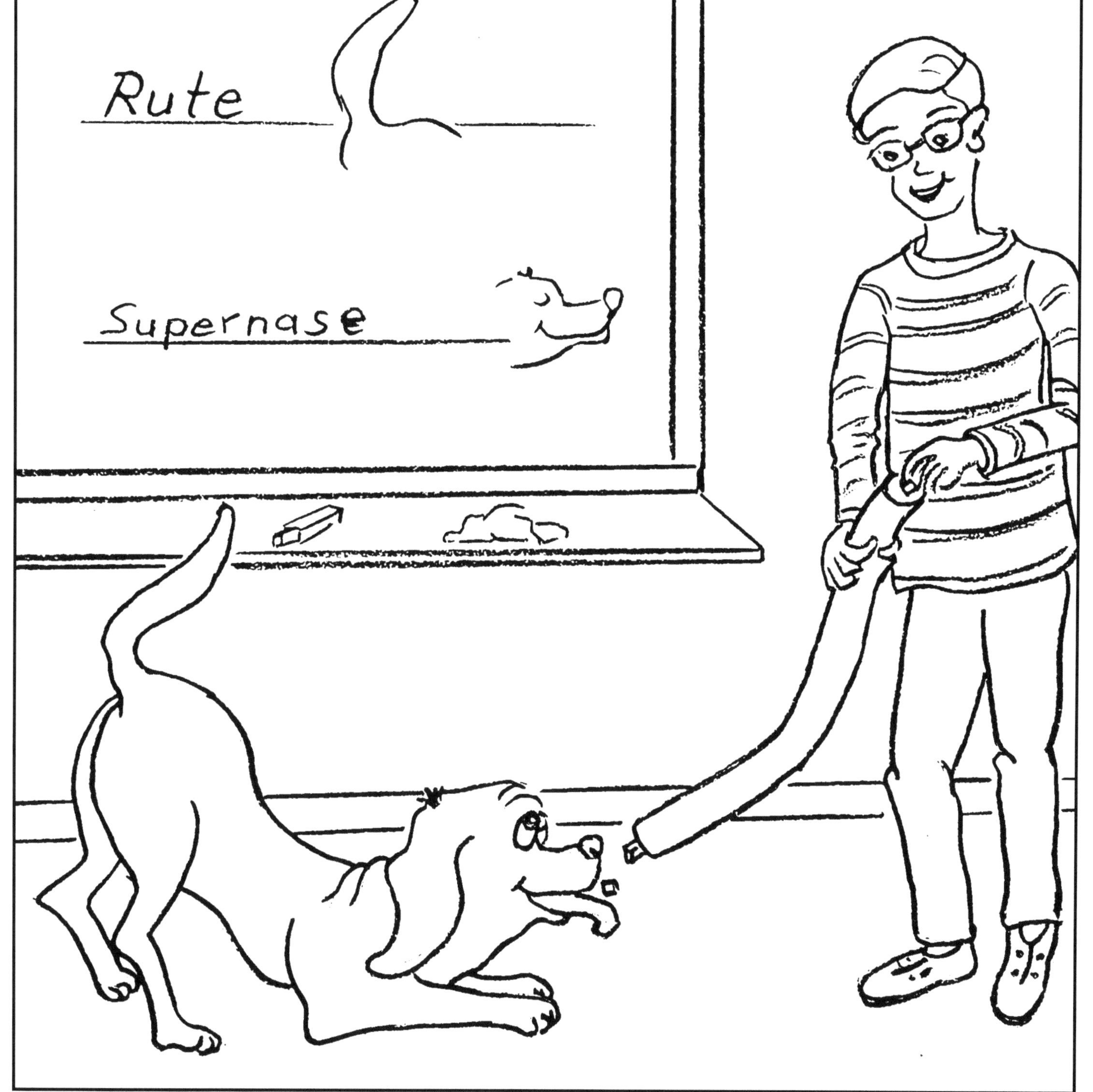

Rute
Supernase

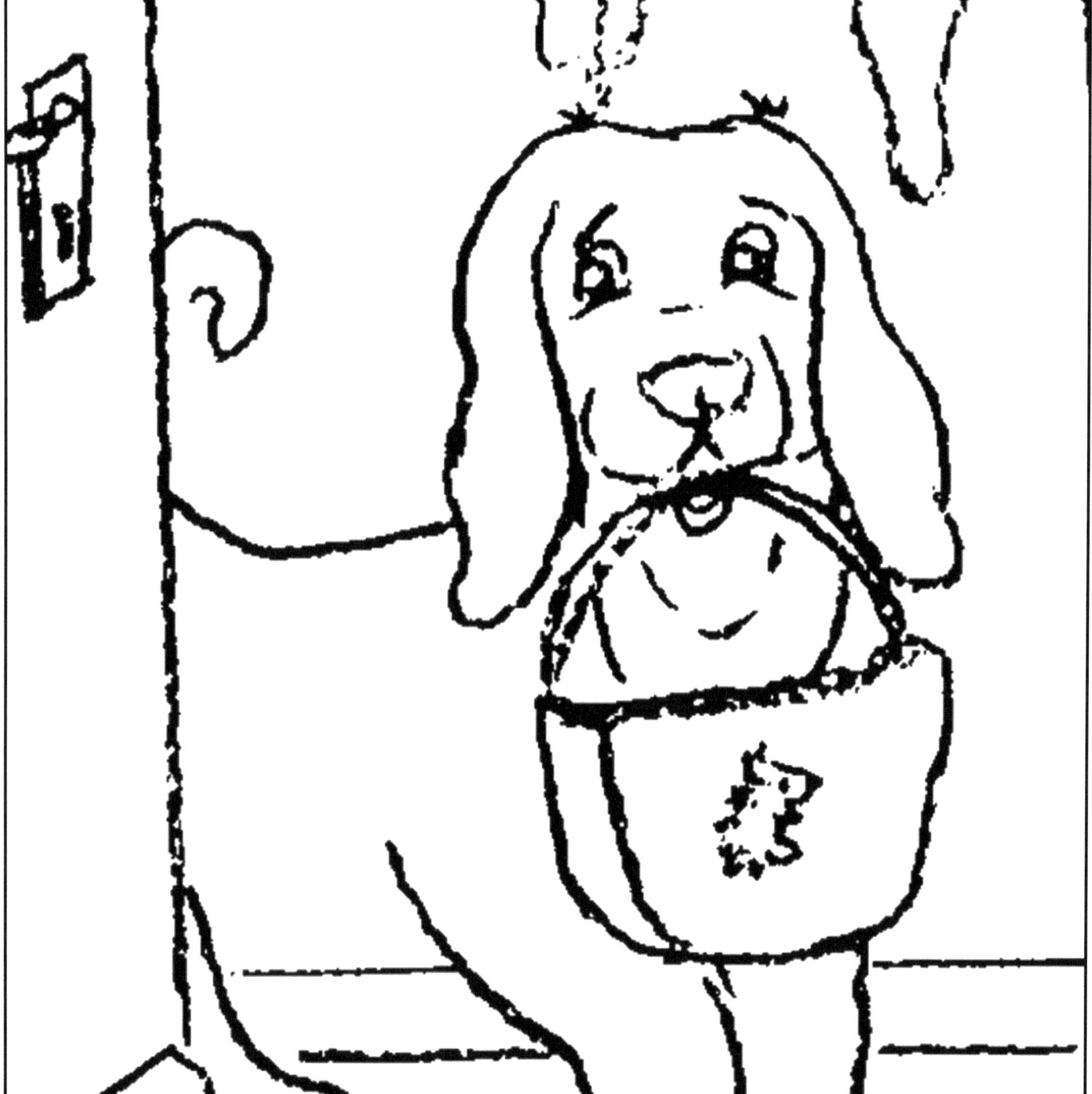

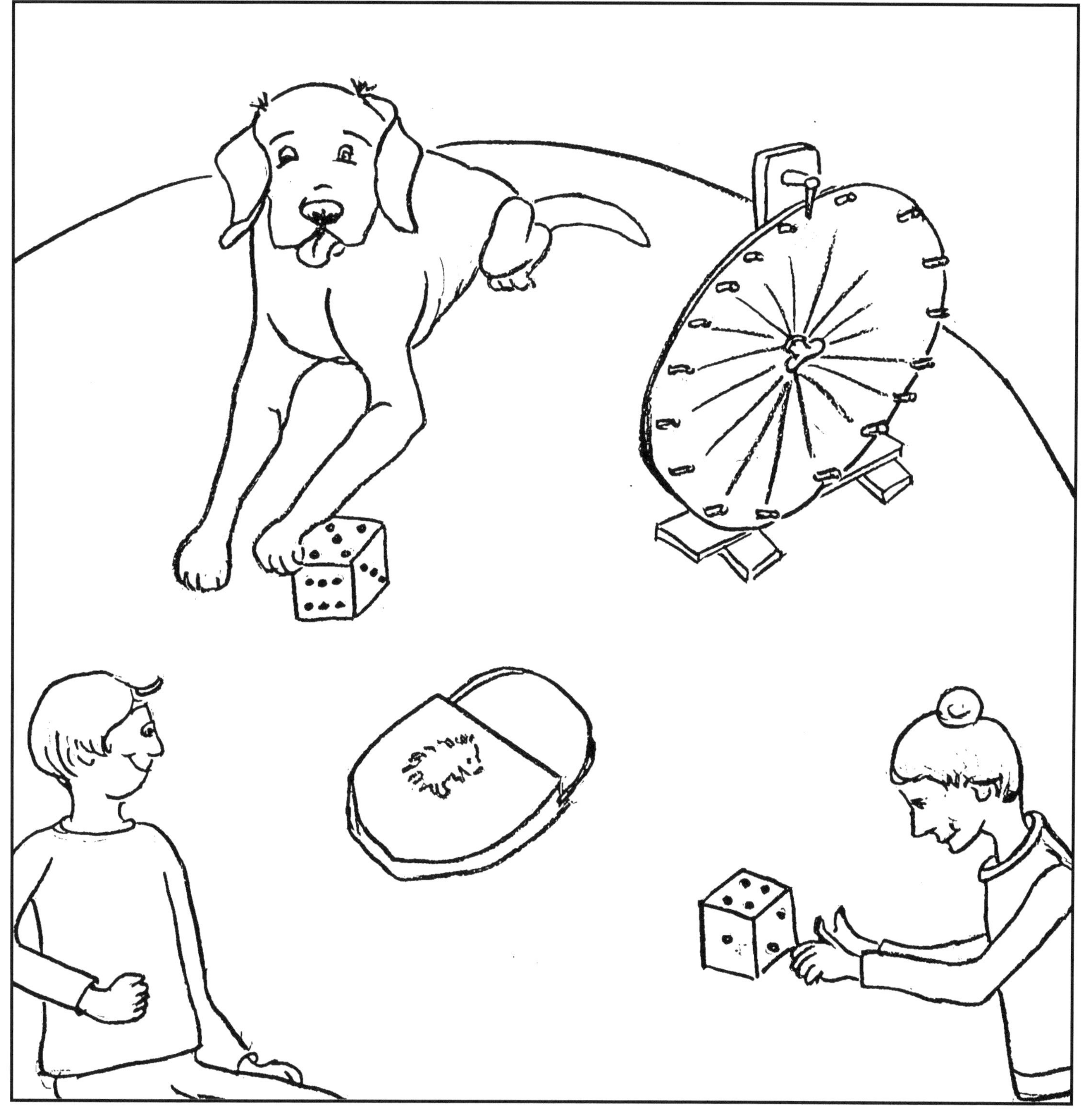

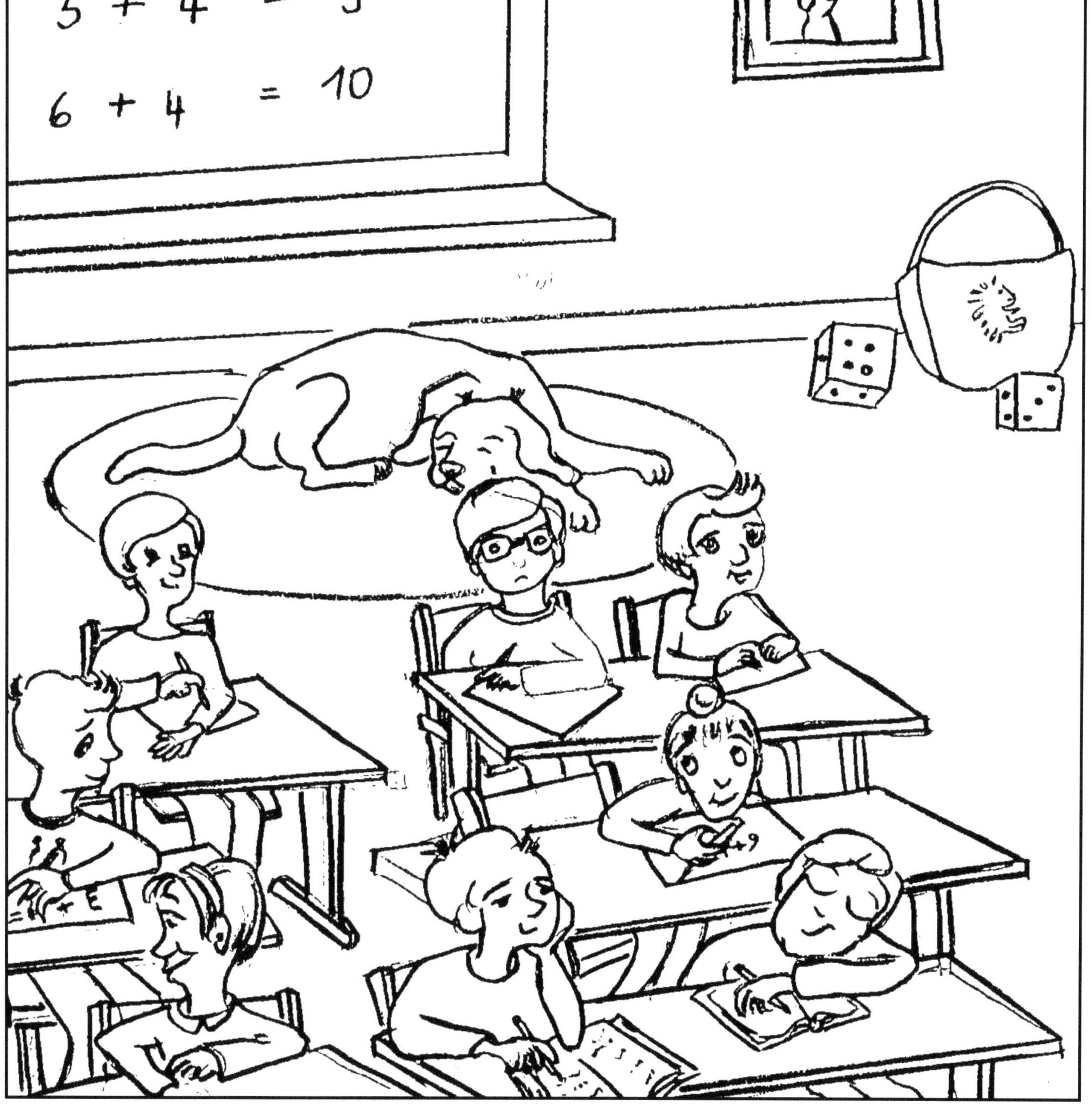

5 + 4 = 9
6 + 4 = 10

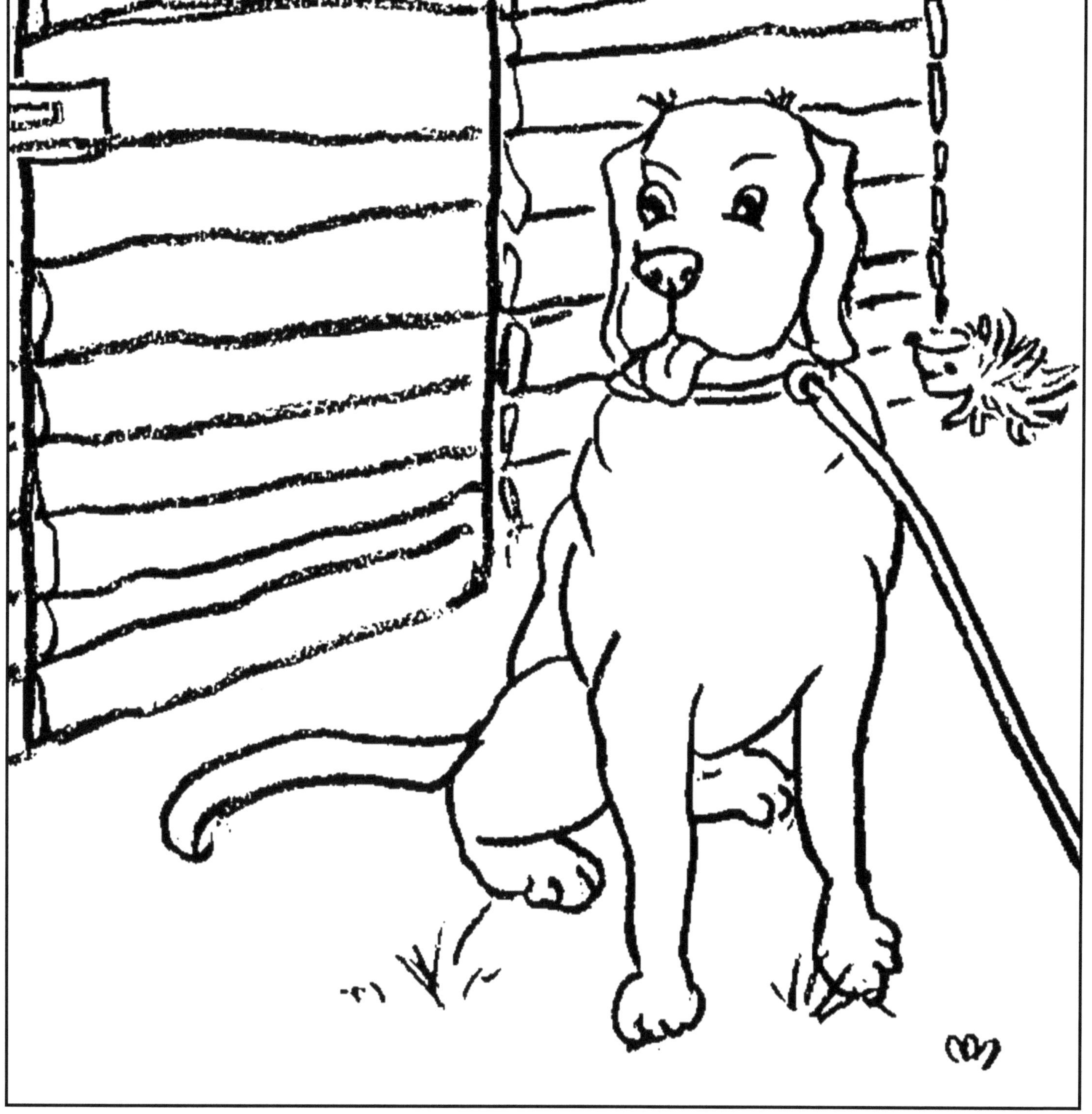

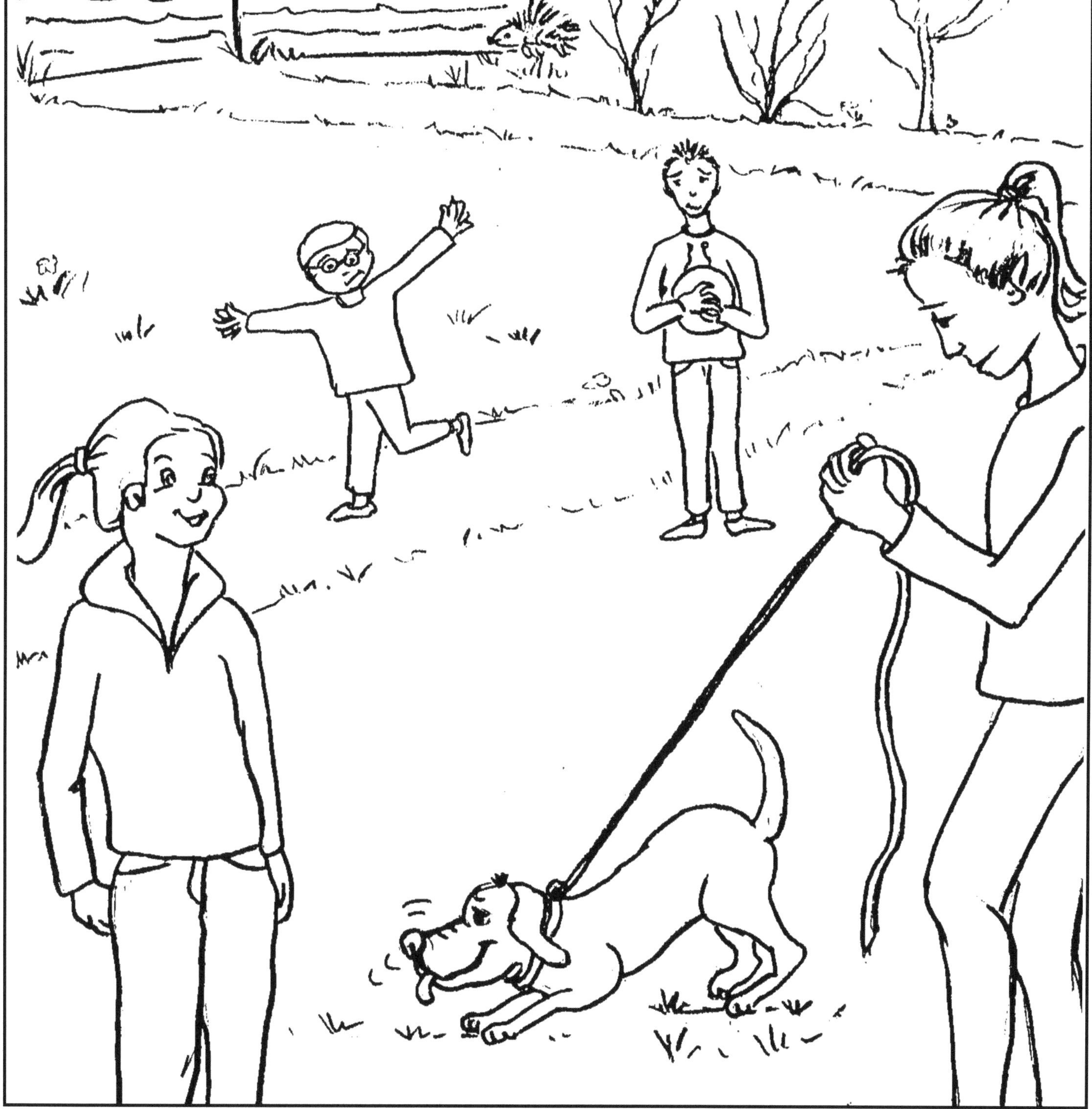

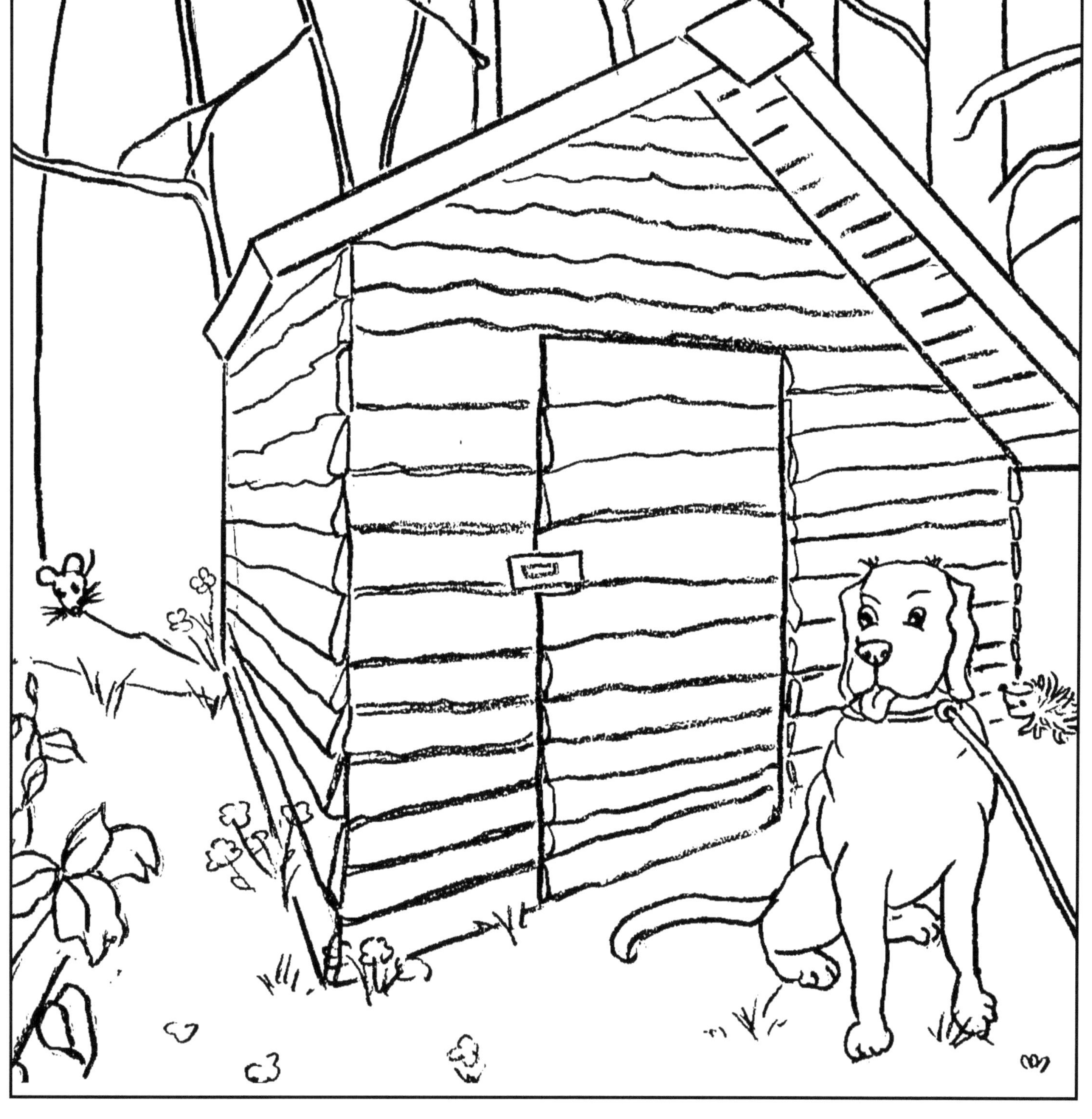

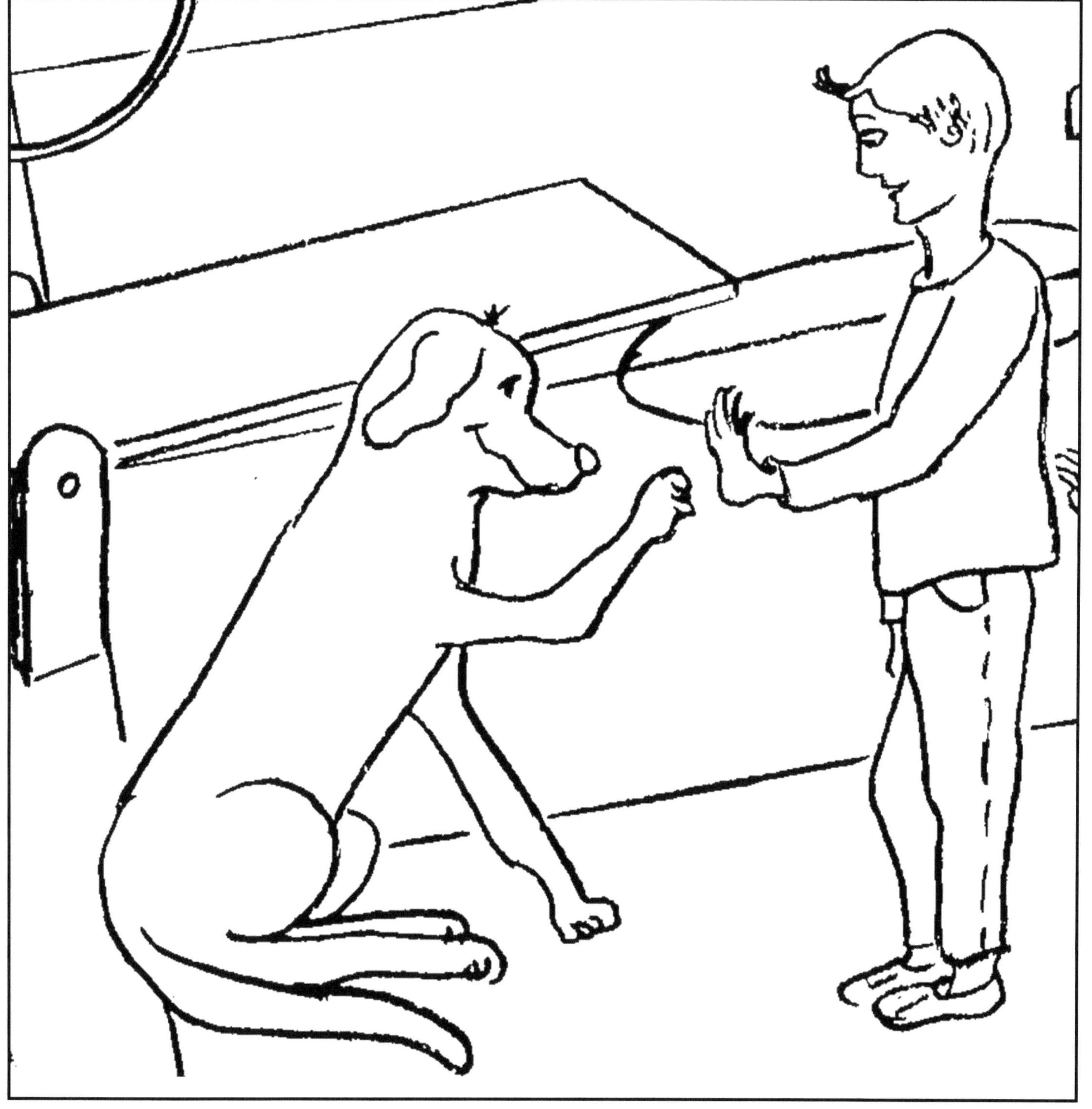

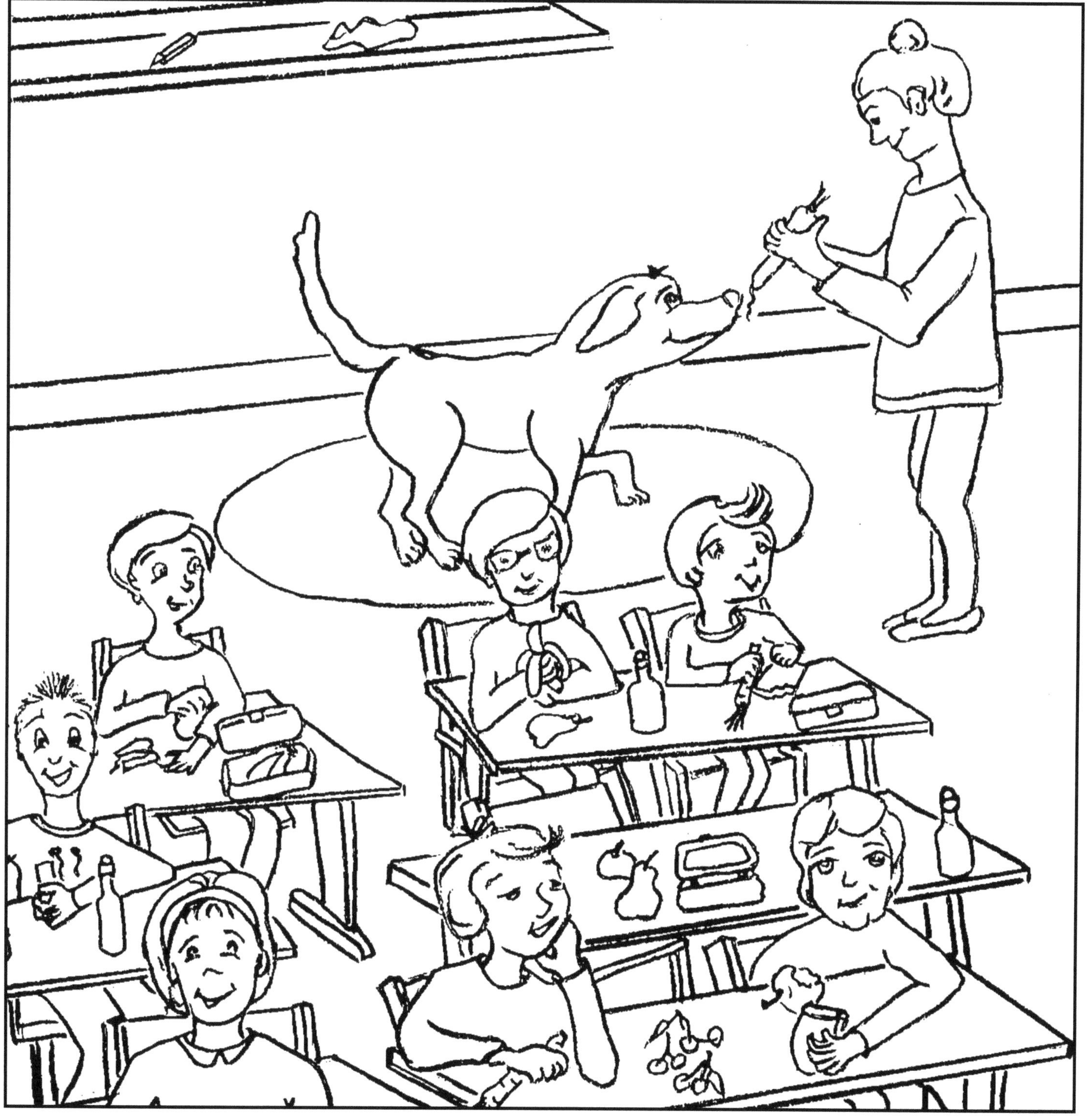

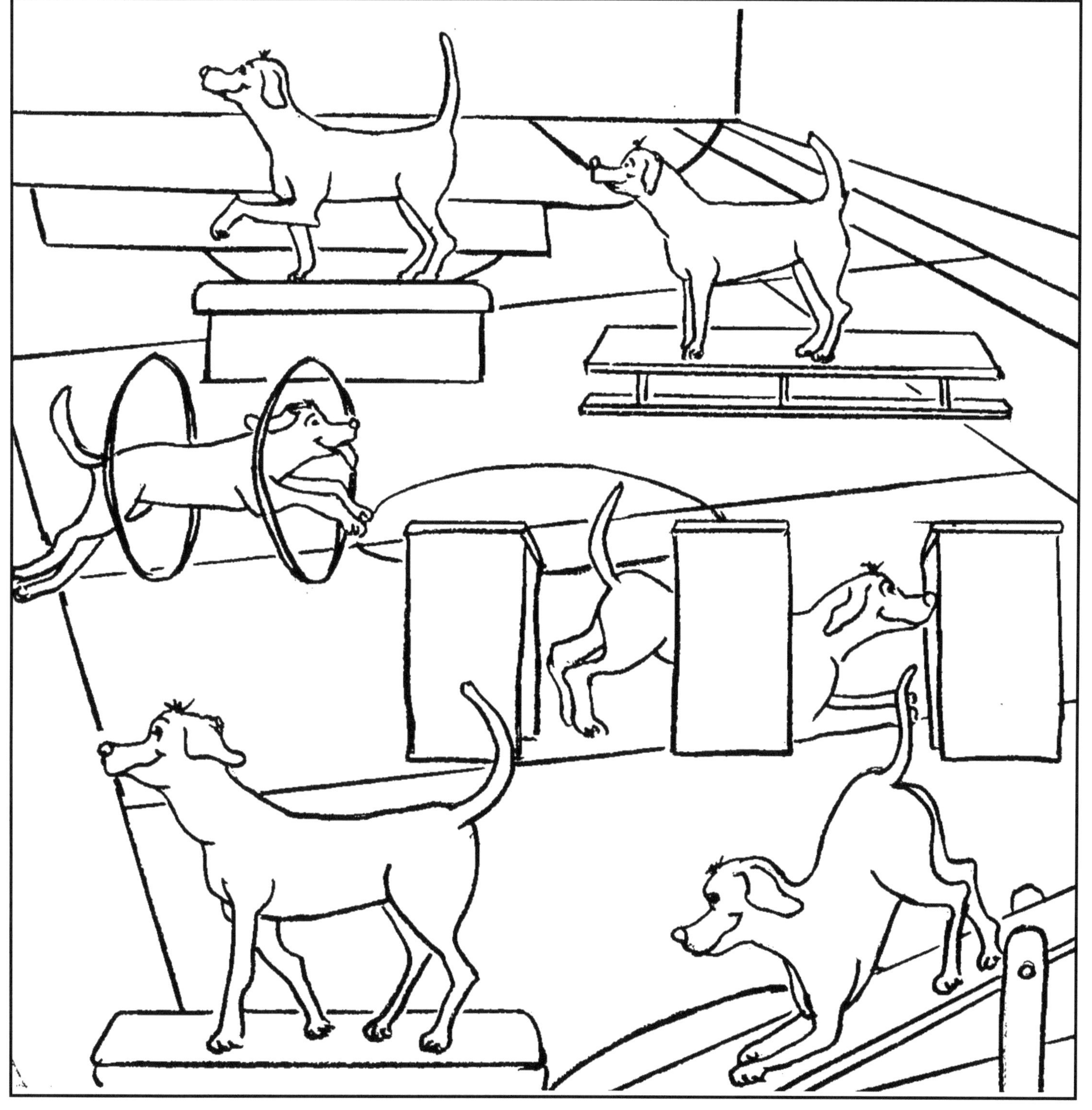

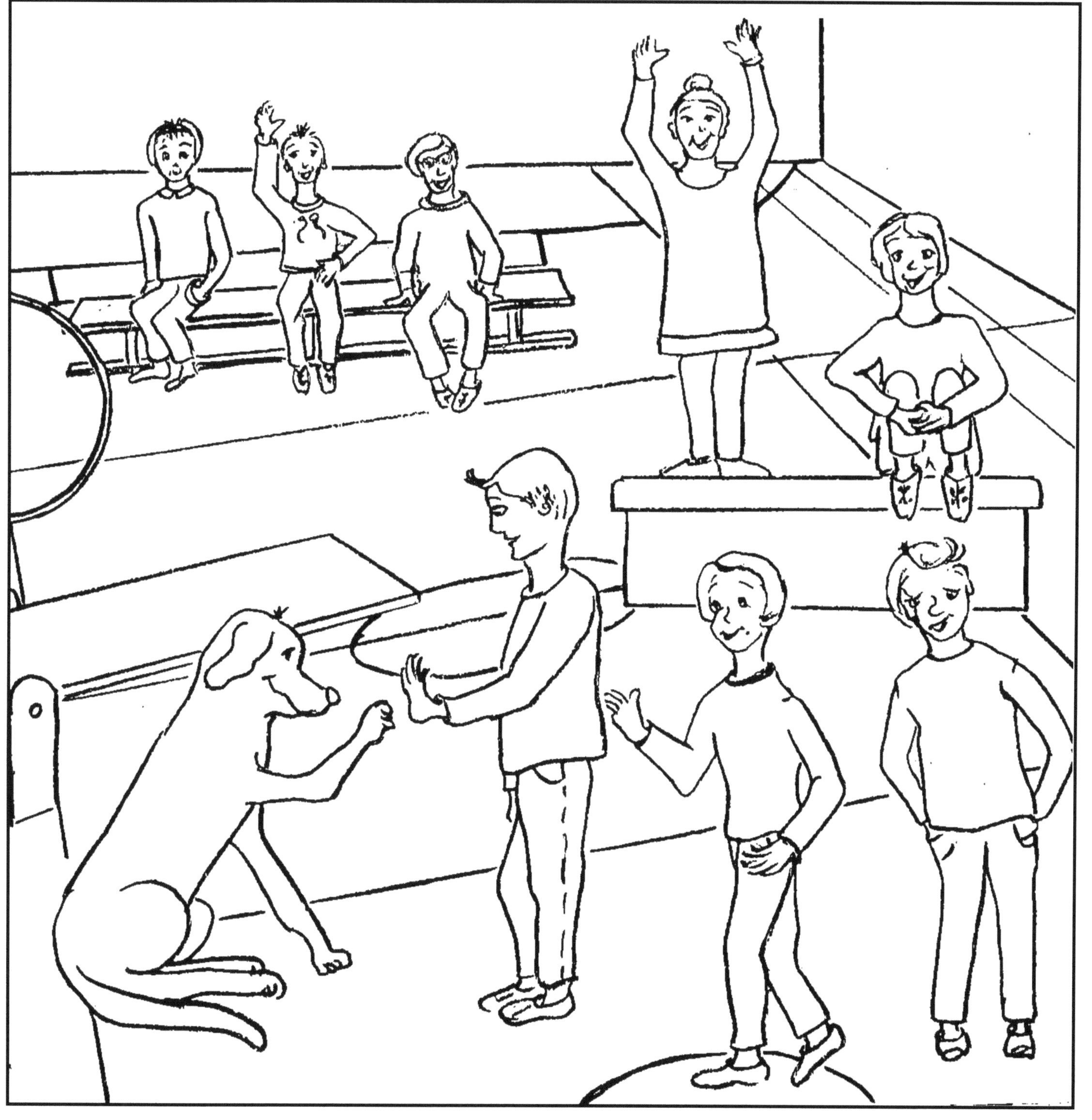

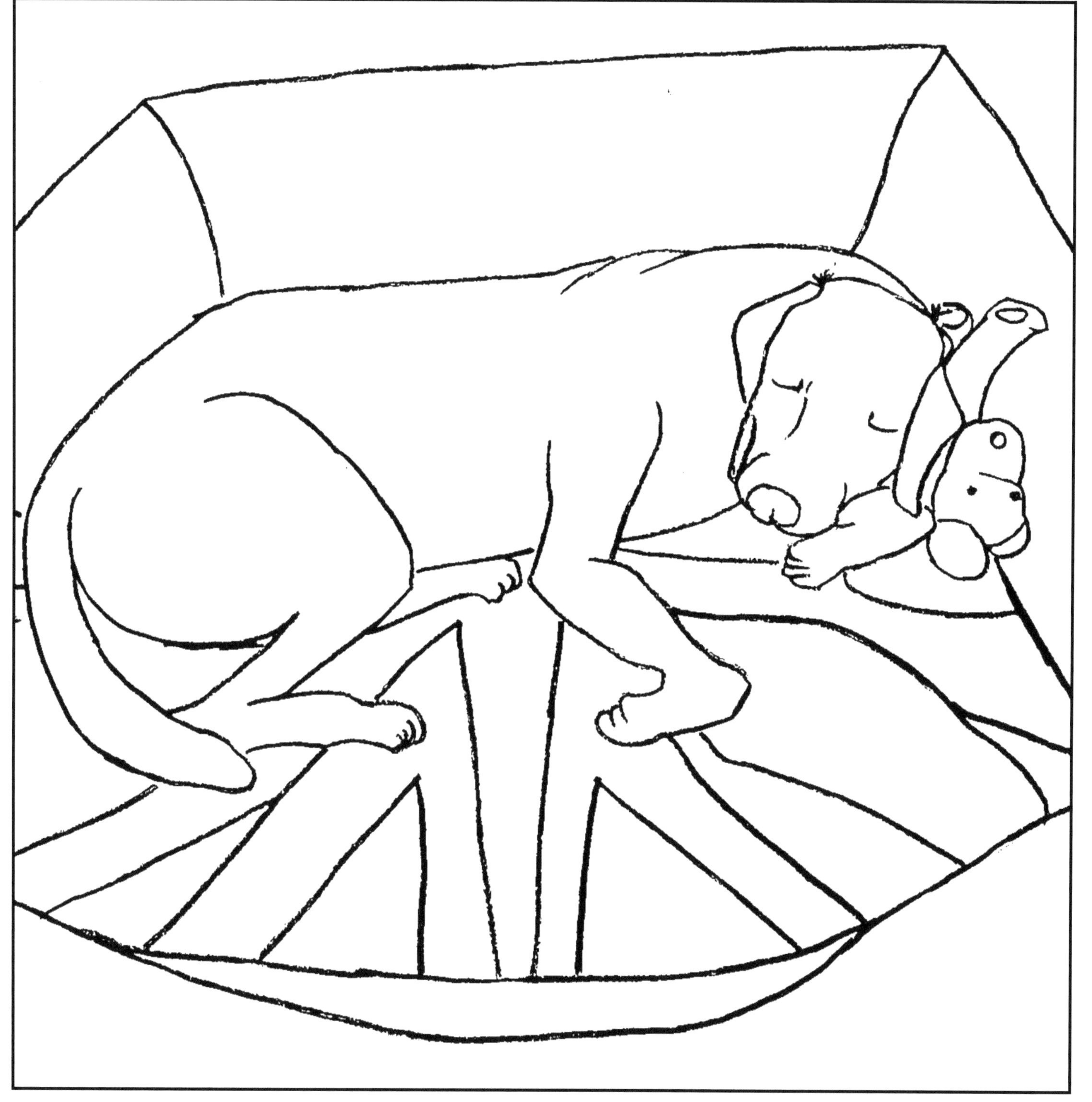

Onkel Herberts erster Schultag
-Schulhund im Einsatz-

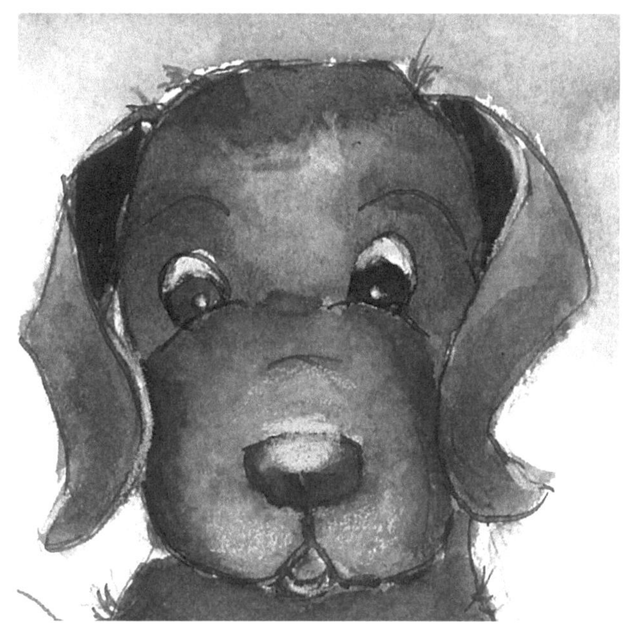

Farbige Illustrationen von Edith J. Blum

Erhältlich als Bilderbuch ab Januar 2022

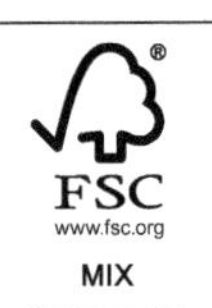